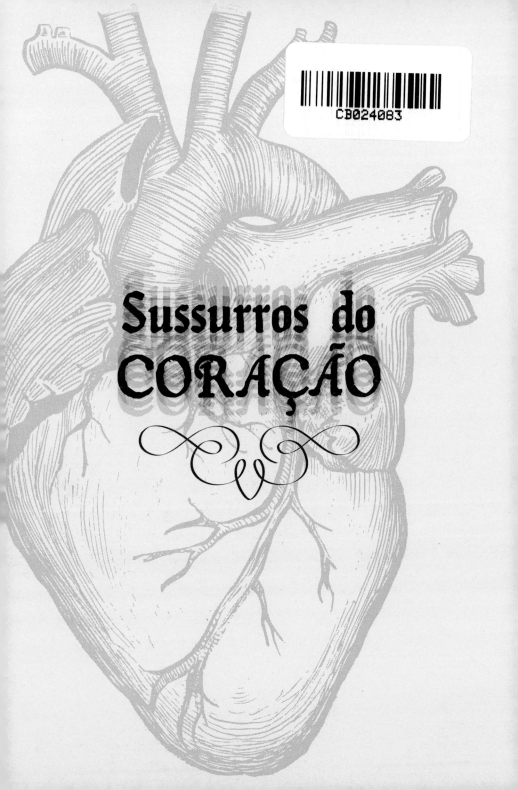

Editora Appris Ltda.
1.ª Edição - Copyright© 2023 da autora
Direitos de Edição Reservados à Editora Appris Ltda.

Nenhuma parte desta obra poderá ser utilizada indevidamente, sem estar de acordo com a Lei nº 9.610/98. Se incorreções forem encontradas, serão de exclusiva responsabilidade de seus organizadores. Foi realizado o Depósito Legal na Fundação Biblioteca Nacional, de acordo com as Leis nᵒˢ 10.994, de 14/12/2004, e 12.192, de 14/01/2010.

Catalogação na Fonte
Elaborado por: Josefina A. S. Guedes
Bibliotecária CRB 9/870

G588s 2023	Godoi, Maria José Jardim
	    Sussurros do coração / Maria José Jardim Godoi. - 1. ed. - Curitiba : Appris, 2023.
	    89 p. ; 21 cm.
	
	    Inclui referências.
	    ISBN 978-65-250-4135-3
	
	    1. Poesia brasileira. 2. Beijo. 3. Saudade. I. Título. II. Série.
	
	                                                                          CDD – 869.1

Editora e Livraria Appris Ltda.
Av. Manoel Ribas, 2265 – Mercês
Curitiba/PR – CEP: 80810-002
Tel. (41) 3156 - 4731
www.editoraappris.com.br

Printed in Brazil
Impresso no Brasil

Sussurros do CORAÇÃO

Maria José Jardim Godoi

FICHA TÉCNICA

EDITORIAL	Augusto V. de A. Coelho
	Sara C. de Andrade Coelho
COMITÊ EDITORIAL	Marli Caetano
	Andréa Barbosa Gouveia - UFPR
	Edmeire C. Pereira - UFPR
	Iraneide da Silva - UFC
	Jacques de Lima Ferreira - UP
SUPERVISOR DA PRODUÇÃO	Renata Cristina Lopes Miccelli
ASSESSORIA EDITORIAL	Nathalia Almeida
REVISÃO	Simone Ceré
DIAGRAMAÇÃO	Yaidiris Torres
CAPA	Daniela Baumguertner

Dedico esta obra a todos os meus amigos e familiares, que sempre sonharam junto a mim.

A todos que ainda conseguem ouvir a voz do coração.

À fotógrafa Nábia Cristina Ferreira, que, por sua câmera, conseguia capturar a beleza da alma das pessoas e que nos deixou tão precocemente.

Agradecimentos

A Deus, pelo dom da vida e por me conceder sabedoria e perseverança.

Ao meu filho, José Lucas Jardim Godoi, à minha nora, Natália Alves Leite, e à minha neta, Emannuelly, pelo apoio incondicional.

Ao pintor, poeta e grande amigo Sonan Vasilios Bellos, que, mesmo estando na Grécia, foi meu apoio constante.

À incrível amiga e desenhista fantástica Ivonete Ramalho Severo dos Santos, pelo carinho e apoio.

À amiga querida Meire Cristina Costa Ruggeri, que prefaciou esta obra.

Ao grupo HELP (homeenglishlanguagepractice.com), pelo grande apoio e incentivo.

À professora e vereadora Lúcia Helena Batista de Oliveira, pelo apoio e incentivo.

À Nábia Cristina Ferreira (*in memoriam*), fotógrafa espetacular, responsável pelas fotos dos meus livros.

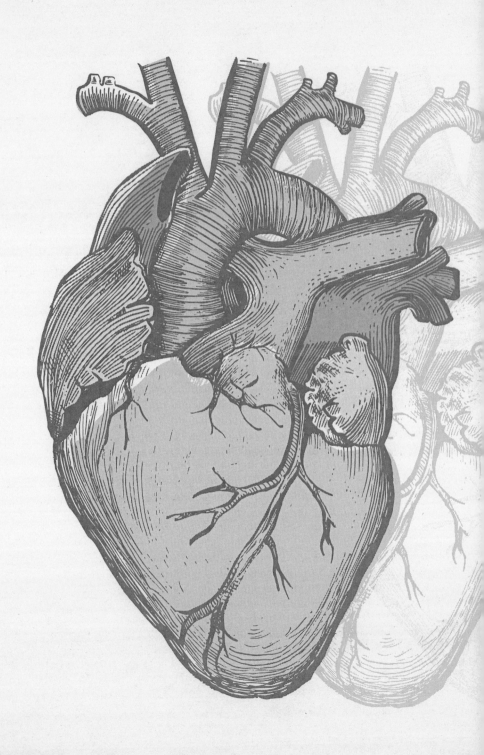

Fui alinhavando
Os retratos, os momentos
A dor, o esquecimento
A tristeza, a ilusão
E num manejo impensado
Costurei a solidão
Dentro do meu coração.

Prefácio

Como irmãs nascidas de uma mesma mãe, porém muito distintas e desiguais, como desiguais são os filhos de uma mesma mãe – mas que se completam –, as poesias de Maria José Jardim Godoi juntam-se harmoniosamente para compor este livro. *Sussurros do coração* é uma obra que mostra quão necessária é a poesia. Embora diversos e singulares, os textos aproximam-se e formam uma unidade capaz de encantar pela leveza, simplicidade e desprendimento.

O tratamento conferido pela autora aos diferentes assuntos abordados nos surpreende pela clareza e fluidez. São textos leves que tratam do amor nas suas mais variadas formas: do amor aconchegante e confortável ao amor recheado de uma paixão exigente que cobra sua concretude nos sonhos, desejos e alentos; tratam também da angústia provocada pela ausência e pelas vicissitudes; assim como das incertezas do amor descompromissado, ou da própria vida e do desalento; da saudade do que já não se tem mais às lembranças dos bons momentos; da nostalgia da infância à doçura dos sentimentos que muitas vezes se tornam agridoces com as asperezas da vida.

São textos que não fazem o leitor sentir que é um objeto a mais de consumo, mas que permitem a escolha e a percepção da complexidade de sentimentos que ora nos aproxima, ora nos afasta do nosso caminhar. Alguns deles apenas alinhavados e outros fortemente costurados com o fio da sensibilidade, da firmeza forjada na labuta e, por que não dizer, com uma ternura que encanta e emociona.

A partir de uma lucidez que verte luz sobre a inteligência dos leitores, a poesia de Maria José Jardim Godoi, por ser ela professora e saber que, como diz o mestre Drummond, a luta com as palavras é uma luta árdua (mas nunca) vã; uma luta que traz a busca da palavra certa, a palavra sublime que nos faz "plantar a saudade das boas lembranças e despir a alma dos fiapos de sentimentos", é uma poesia comprometida com a vida. É como se a autora enxergasse a vida tendo a certeza de que tudo é poesia: "Sem a poesia, a vida se torna um grande nó". Os assuntos mais espinhosos e indelicados cabem nas poesias desta obra sem, contudo, serem determinados por sua indelicadeza. A forma suave e direta como são contemplados nos impulsiona a descobrir uma maneira reflexiva de tratá-los e compreendê-los em uma dimensão humana.

Ao recorrer a esses temas, a autora pratica em seus textos reflexões que mostram um caminho para uma construção consciente do destino da humanidade; toda a reflexão proporcionada pelos textos nos faz sentir que cabe a nós, os leitores, e somente a nós, diante de nosso pensamento crítico e inventivo, trazer, nas palavras da autora, "para perto do coração as palavras que nos constroem".

Usando a prática longa e cotidiana no trabalho escolar na construção de suas poesias, a professora Maria José Jardim Godoi nos convida a raciocinar sobre as peculiaridades e dificuldades da convivência humana, seja nos amores mal resolvidos, seja nos desencontros e adversidades, mostrando que a poesia permite romper amarras e nos tornar mais sensíveis.

Por fim, a autora nos lembra que o exercício de trazer as palavras para perto do coração nos faz "uma árvore" que, apesar de "atingida pelas intempéries da vida", nos "resgata à nossa essência". Em outras palavras, a leitura de poesias tão afinadas com o cotidiano desperta o desejo de escolhermos e pensarmos o próprio destino.

Meire Cristina Costa Ruggeri

Professora de rede pública municipal de Rio Verde, doutoranda em Estudos Literários – Universidade Federal de Catalão (UFCAT)

Apresentação

Mesmo um coração valente pode sussurrar depois de tantas intempéries... Então, tão baixinho, como se fosse um gemido, pergunta para si mesmo: será que a felicidade tem prazo de validade? Só o seu amor me basta? Até quando posso te amar? Você sabe o quanto te amo? Será?... É assim que a autora vai alinhavando os sussurros desse coração; bordando a poesia linha a linha, numa viagem incessante rumo ao desconhecido, na esperança de preencher os ninhos vazios, dissipar a saudade, curar as feridas do coração machucado e quiçá saborear o banquete do amor.

Sumário

AREIA MOVEDIÇA.. 19
PERFEIÇÃO... 20
DECLARAÇÃO DE AMOR.. 21
SEU OLHAR.. 22
AMOR À PRIMEIRA VISTA..................................... 23
DÚVIDAS 25
PRISÃO 27
SÓ O SEU AMOR ME BASTA.................................. 29
AMOR DIVIDIDO 30
POESIA BORDADA... 31
AUSÊNCIA 32
RECORDAÇÕES 33
DESILUSÃO 34
O QUANTO TE AMO.. 35
PERDÃO 36
VIAGEM... 37
RETRATO DA MISÉRIA... 39
OTIMISMO... 40

RETRATO DA DOR 41

CORAÇÃO CRIANÇA 42

ENCONTRO 43

MENINO DO RIO 44

ALINHAVANDO A VIDA 45

PRISIONEIRA DO AMOR 46

BANQUETE DE AMOR 47

SONETO DA DOR 48

DESPEJO 49

NINHO VAZIO 51

CASTIGO 52

SONHOS 54

TRANSFORMAÇÃO 55

O DESPERTAR DA POESIA 56

DEPENDÊNCIA 57

ÚLTIMO BEIJO 58

INTEMPÉRIES 60

CRIMES DE AMOR 61

A MORTE DA POESIA 62

PRAZO DE VALIDADE 63

EU E VOCÊ 64

HOMEM-MENINO 65

MOMENTOS 66

DEVANEIOS 67

SAUDADE 68

NOSSO ENCONTRO 69

MINHA POESIA 71

SERÁ? 72

OBSESSÃO 73

ATÉ QUANDO POSSO TE AMAR? 74

REENCONTRO 75

INDECISÃO 76

EU NÃO QUERO AMAR VOCÊ 77

O LIVRO DA MINHA VIDA 78

A COR DA FELICIDADE 79

DESTINO 81

NOSSO FIM 83

DISTÂNCIA 84

DESPEDIDA 85

CORAÇÃO VALENTE 86

NOSSO ANEL 87

VOCÊ 88

Areia movediça

Às vezes olho pro lado.
Tudo está desmoronando
Meu castelo de areia
Pouco a pouco se afundando

Tudo que eu construí
Parece ruir agora
Minha casa, minha vida,
Meus amigos vão se embora.

Essa areia movediça
Onde estou presa
Devora tudo que vê
Meus planos para o futuro
O meu presente também
É como se os meus sonhos
Partissem dentro de um trem

Os rios cobrem meus olhos
Grandes cascatas de dor
Sinto-me tão indecisa
Sem saber como lutar
E vejo na minha frente
Minha vida se afundar.

Perfeição

O que é ser perfeito?
Essa é minha indagação
É ter o corpo da hora?
É ter um rosto bonito?
Ou ter um bom coração?

O que é perfeito pra mim
Pode não ser pra você
O que é hoje tão jovem
Amanhã pode envelhecer

Perfeito é poder sorrir
Poder amar, poder cantar
Perfeito é abrir os olhos
E cada manhã acordar

Perfeito é ter objetivos
E lutar para alcançar
É ver as belezas do mundo
O pôr do sol contemplar.

Mas a maior perfeição
Eu posso logo afirmar
Ela está no criador
E em seu filho Nosso Senhor.

Declaração de amor

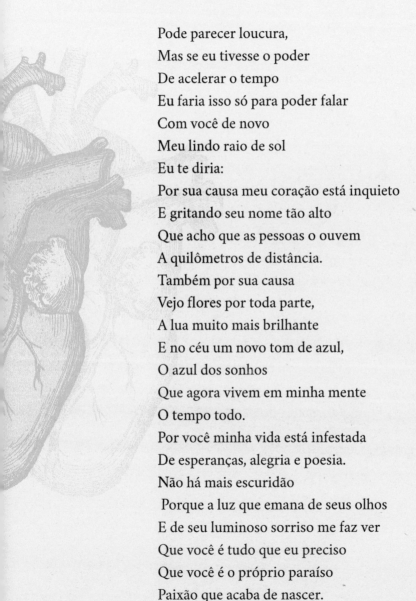

Pode parecer loucura,
Mas se eu tivesse o poder
De acelerar o tempo
Eu faria isso só para poder falar
Com você de novo
Meu lindo raio de sol
Eu te diria:
Por sua causa meu coração está inquieto
E gritando seu nome tão alto
Que acho que as pessoas o ouvem
A quilômetros de distância.
Também por sua causa
Vejo flores por toda parte,
A lua muito mais brilhante
E no céu um novo tom de azul,
O azul dos sonhos
Que agora vivem em minha mente
O tempo todo.
Por você minha vida está infestada
De esperanças, alegria e poesia.
Não há mais escuridão
 Porque a luz que emana de seus olhos
E de seu luminoso sorriso me faz ver
Que você é tudo que eu preciso
Que você é o próprio paraíso
Paixão que acaba de nascer.

Seu olhar

Só o seu olhar me basta
Só ele me alimenta
Só ele me faz sentir
A sua doce presença

Com ele vejo sua alma
Vejo os seus sentimentos
Vejo o peito saltitando
E o amor pulsando lá dentro

Vejo um brilho especial
Carregado de beleza
A bondade transbordando
Mostrando sua grandeza

Se eu pudesse fazer
Um único pedido agora
Seria tornar eterno
Esse seu olhar em mim
Assim teria certeza
Que seu amor não terá fim

Amor à primeira vista

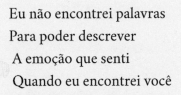

Eu não encontrei palavras
Para poder descrever
A emoção que senti
Quando eu encontrei você

Quando vi o seu sorriso
Iluminando o seu rosto
Inebriando minha vida
Eu tive toda certeza
Pude analisar com calma
Seu sorriso é o remédio
Que curou a minha alma

Minha alma se encheu
De esperança e alegria
Meus olhos ganharam mais brilho
Minha vida mais poesia

Meu coração tão quietinho
Bate agora a mil por hora
Só de saber que você
Faz parte de mim agora

Tudo isso para mim
É uma grande conquista
Me apaixonei por você
Amor à primeira vista

Eu ainda não sei
Se sente o mesmo por mim
Mas isso já não importa
Não faz nenhuma diferença
Porque a todo momento
Eu sinto a sua presença

Dúvidas

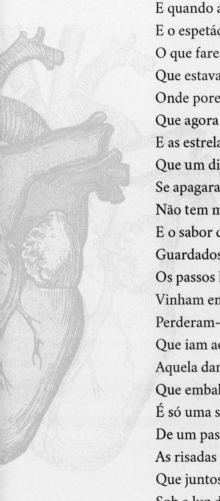

E quando as cortinas se fecharem
E o espetáculo se acabar?
O que farei das rosas
Que estavam no caminho?
Onde porei os meus braços
Que agora se abraçam sozinhos?
E as estrelas do céu
Que um dia deu para mim?
Se apagaram e agora
Não tem mais brilho enfim
E o sabor dos seus beijos
Guardados na minha alma?
Os passos lentos que outrora
Vinham em minha direção
Perderam-se no caminho
Que iam ao meu coração
Aquela dança encantada
Que embalava nossos sonhos
É só uma sombra agora
De um passado tão triste
As risadas e os sorrisos
Que juntos compartilhamos
Sob a luz do luar
Hoje são somente lembranças
Do que não vai mais voltar
O que farei amanhã

Quando você me deixar?
Onde colocarei todo amor
Que ainda tenho para dar?
O que farei desse brilho
Que está aqui nos olhos meus?
Quando chegar de repente
E para mim disser adeus?

Prisão

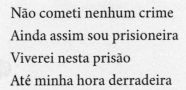

Não cometi nenhum crime
Ainda assim sou prisioneira
Viverei nesta prisão
Até minha hora derradeira

Presa a esse sentimento
Que agora tenho por ti
Estás tão longe, distante
Mas te sinto bem aqui

Estou presa aos abraços
Que nunca experimentei
Estou presa aos seus beijos
Que ainda não provei

Estou presa ao seu sorriso
Que apenas vi nessa tela
Mas para mim, francamente
Nunca vi coisa mais bela

Estou presa em suas mãos
Que ainda não pude tocar
Estou presa aos seus olhos
No mais doce e belo olhar

Estou presa em sua vida
E por alguma razão
Hoje percebi que estou
Presa ao seu coração

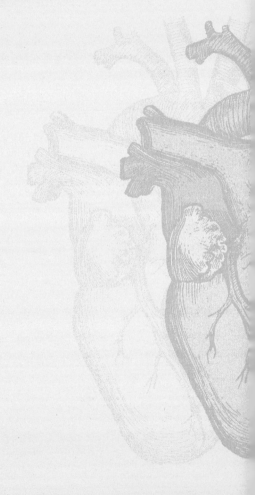

Só o seu amor me basta

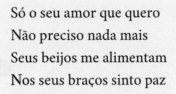

Só o seu amor que quero
Não preciso nada mais
Seus beijos me alimentam
Nos seus braços sinto paz

Só o seu amor me basta
Ele aquece minha alma
Quando eu estou com você
O meu coração se acalma

É só de você que preciso
Eu tenho toda certeza
Você me mostrou que a vida
Ainda tem muita beleza

Só o seu amor me basta
Só ele me faz feliz
Só ele me faz sonhar
Com a vida que sempre quis

Amor dividido

Não quero amor dividido
Isso não funciona, não.
Como é possível partir
Ao meio um coração?

Amar a mim e a outra
Dividir essa paixão
Acaso você não sabe?
Amor é multiplicação

Multiplicamos alegrias
Carinho, delicadeza
É por isso que o amor
Tem essa grande beleza

Eu penso que é melhor
Você tomar uma decisão
Entre o amor e a paixão
Para quem vai seu coração?

Nesse jogo tão incerto
Tão cheio de divididas
Talvez fique sozinho
Em um beco sem saída
E vai perder para sempre
O amor da sua vida

Poesia bordada

O papel em branco ainda misterioso
Esperando ansiosamente que as palavras tomem
conta de seu espaço
Como se fossem estrelas...
A caneta lentamente desliza pelas linhas
Qual uma agulha bordadeira
Desenhando a doçura dos sentimentos
As asperezas da vida, os sonhos de amor...
Num zigue-zague, sobe e desce
As linhas tal qual o trem,
Tentando chegar a algum lugar.
As palavras vão surgindo
Uma a uma
Conectando-se como se fossem
Peças de um grande quebra-cabeças
Para que, por fim, ela nasça
Triste ou alegre
Bonita ou feia
Mas repleto de sentimentos brotados da alma

Ausência

Só você pode arrancar
Essa tristeza do meu peito
Diminuir essa dor
Que a todo tempo eu sinto
Secar o rio de lágrimas
Que em meus olhos se formou
Por causa da sua ausência.
Uma solidão sem fim
Um mar de angústia e amargor
Um grande jardim de espinhos
Já não sei mais quem eu sou...
Para mim nada me importa
Não tenho mais alegria
O que me resta agora
É essa alma vazia
Que por sentir sua falta
Sofre e chora noite dia.
Se ao menos pudesse ouvir
Sua voz doce e macia
Se ao menos pudesse ter
Por um segundo seu olhar
Talvez essa dor tão grande
Que toma conta de mim
Talvez, ao ouvir você
Ela tivesse um fim.

Recordações

Tudo agora é a amargura
Tristeza e solidão
Porque você foi embora
Mas levou meu coração

Levou a minha alegria
Levou toda a minha paz
Agora aqui tão sozinha
Tanto fez ou tanto faz

Não posso dormir direito
A insônia me consome
Me pego sozinha à noite
Balbuciando o seu nome

Não posso fazer mais planos
Não posso ver o futuro
Sem você na minha vida
Eu me encontro no escuro.

Desilusão

Eu me encontrava perdida
Sem rumo sem direção
Sempre juntando os pedaços
Do meu pobre coração

Era uma ave sem asas
Não podia mais voar
Meu coração solitário
Tinha esquecido de amar

Mas um dia, de repente
Para mim você chegou
Trazendo junto contigo
As sementes do amor

Você plantou-as em meu peito
Encheu-me de esperanças
Fez minha alma tão velhinha
Sentir-se como uma criança

Porém tudo nesse mundo
É efêmero, passa ligeiro
As sementes germinaram
Nasceram aqui muitas flores
Mas elas estiolaram, despetalaram
Somente os espinhos restaram
E também muitas dores

O quanto te amo

Nem que eu vivesse mil anos
Eu poderia te dizer
O tamanho do amor
Que eu sinto por você

É muito maior que o céu
Mil vezes maior que o mar
E se juntar as estrelas
É impossível contar

É maior que tudo
Que nesse mundo existe
Sem você a minha vida
É vazia e triste

Faça morada
Aqui no meu coração
E retire aqui do peito
Essa tal de solidão

Perdão

O que preciso fazer
Pra você me perdoar
Preciso cortar os pulsos
Preciso me matar?

Preciso fazer o quê
Pra ter sua atenção?
Para te lembrar que estás
Aqui no meu coração.

Por favor, não me ignore
Não me maltrate assim
Sofro e não tenho culpa
De te amar tanto assim

Eu te faço nesse instante
Proposta definitiva
Se pra me perdoar
Eu tiver que partir
Dessa vida e te esquecer
Te peço que me perdoe
Me vou com todo prazer

Viagem

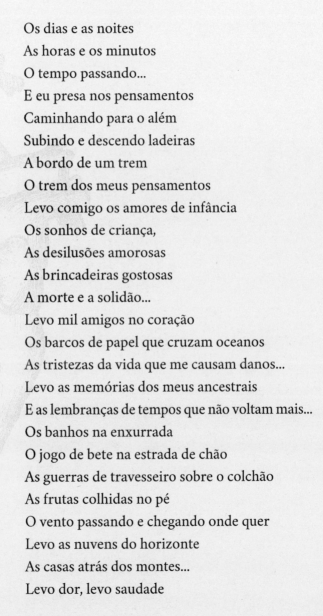

Os dias e as noites
As horas e os minutos
O tempo passando...
E eu presa nos pensamentos
Caminhando para o além
Subindo e descendo ladeiras
A bordo de um trem
O trem dos meus pensamentos
Levo comigo os amores de infância
Os sonhos de criança,
As desilusões amorosas
As brincadeiras gostosas
A morte e a solidão...
Levo mil amigos no coração
Os barcos de papel que cruzam oceanos
As tristezas da vida que me causam danos...
Levo as memórias dos meus ancestrais
E as lembranças de tempos que não voltam mais...
Os banhos na enxurrada
O jogo de bete na estrada de chão
As guerras de travesseiro sobre o colchão
As frutas colhidas no pé
O vento passando e chegando onde quer
Levo as nuvens do horizonte
As casas atrás dos montes...
Levo dor, levo saudade

A tristeza que me invade
Levo o meu mundo no trem...
Um olhar triste e profundo
Um bater de coração
Olhando para o futuro
Para uma nova geração...
Mas o trem passa voando
E os vagões descarrilando
E consigo vão levando
Histórias vividas ,ilusões sofridas, vidas...
O piloto é implacável
Não dá um minuto a mais
 Eu peço ao amigo tempo: dê-me só mais
 um segundo
Mas ele segue ligeiro
E me despeço do mundo.

Retrato da miséria

A fome estampada na face
A miséria estampada no corpo
Os olhos escondem a tristeza
Pelo pão que sempre falta à mesa
 Pés descalços pisando o chão
A esperança sonhada em vão
Vidas jogadas a sua própria sorte
Lutando pela vida,
Mas sempre encontrando a morte
Um sonho simples, porém verdadeiro
Ser só criança por um dia inteiro
Brincar de bola, pipa e pião
Fazer da alegria uma oração
Que toca fundo, lá no coração
Mas é um sonho uma ilusão
Ao voltar para casa tudo se revela
Falta a roupa, o abraço e o pão.

Otimismo

Eu não quero falar sobre as coisas
Que ainda não consegui
Eu quero falar dos sonhos
De cada momento que eu já vivi

As pedras do meu caminho
Prefiro deixar rolar
Eu não vou permitir que elas
Impeçam meu caminhar

As flores que eu encontrar
Vou colher cada semente
Para espalhar por aí
E recordar das vezes que eu sorri

As lágrimas eu vou usar
Para regar cada semente
Que porventura eu plantar
E por fim eu quero deixar
Um pouquinho de saudade
Por onde quer que eu vá.

Retrato da dor

Minha vida ficou tão vazia
A tristeza em meu peito acampou
Desde o dia em que aquela bomba
A semente da morte lançou

Era tarde eu me lembro bem
Os aviões cruzavam o céu
Lançavam sementes da morte
Uma visão tão macabra e cruel

De repente em poucos segundos
Eu vi desmoronar meu mundo
O estampido um clarão
Três corpos caídos no chão

Foi a dor mais terrível
Que um dia eu senti
Penso que nesse momento
Morreu um pouco de mim
Foi-se embora a esperança:
Eram só duas crianças
A vida de mamãe chegava ao fim

E meus olhos um rio de lágrimas
Tentando impedir a partida
No meu peito uma cratera
Uma gigantesca ferida.

Coração criança

Seu coração tão criança
Cismou de se apaixonar
Queria a lua imensa
Com seus bracinhos tocar

Oh menino! Tome jeito!
É impossível alcançar
Essa lua está tão alta
Seus olhos só podem ver
E podem com ela sonhar

Vê se ouve o meu conselho
Não se encha de esperança
O seu coração-menino
É somente uma criança

Eu acho que é melhor
Colocar seus pés no chão
Bater um papo bem sério
Com esse tal de coração

Menino diga para ele,
Esquecer aquele amor
É um amor impossível
Vai te causar muita dor

Encontro

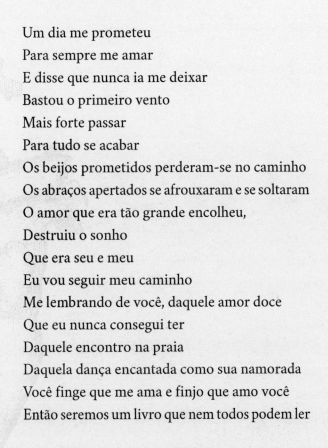

Um dia me prometeu
Para sempre me amar
E disse que nunca ia me deixar
Bastou o primeiro vento
Mais forte passar
Para tudo se acabar
Os beijos prometidos perderam-se no caminho
Os abraços apertados se afrouxaram e se soltaram
O amor que era tão grande encolheu,
Destruiu o sonho
Que era seu e meu
Eu vou seguir meu caminho
Me lembrando de você, daquele amor doce
Que eu nunca consegui ter
Daquele encontro na praia
Daquela dança encantada como sua namorada
Você finge que me ama e finjo que amo você
Então seremos um livro que nem todos podem ler

Menino do Rio

Ah! Seu olhar!
Seu sorriso encantador
Sua voz macia e forte
Sempre espalhando amor.

Sua alma transborda poesia
Você é o próprio retrato
Da verdadeira alegria

Menino do Rio
Menino-esperança
Coração gigante
Cheio de bonança.

Você é um presente valioso
De incalculável valor
Uma benção que recebi
Das mãos de Nosso Senhor

Alinhavando a vida

Hoje despi minha alma
De todos os medos
Revelei para mim
Todos os meus segredos.

No corpo seminu da vida
Fiapos de sentimentos
Serviam de moldura
Para me fazer esquecer
Todas as agruras.

Vesti meus pensamentos
Com a mais nobre esperança
Tecido da melhor qualidade
Fui remendando os restos de felicidade.

Na grande e sofrida colcha
De retalhos que se formou
Remendei ponto a ponto
Os pedacinhos de amor...

Fui alinhavando
Os retratos, os momentos,
A dor, o esquecimento,
A tristeza, a ilusão
E num manejo impensado
Costurei a solidão dentro do meu coração.

Prisioneira do amor

Ah, no seu coração imenso
Não há vaga para mais ninguém
Do seu amor agora sou refém
A mais nova vítima desse amor intenso

Desse cativeiro não vou mais sair
Eu quero estar presa enquanto eu existir
Eu quero a chave dessa prisão
E morar para sempre no seu coração

E todos os dias ser alimentada
Por sua voz suave e macia
Por seu sorriso que me contagia
Por suas mãos ser revigorada

Ah, eu quero ser sua prisioneira
Amar-te sempre e pela vida inteira
Embriagar-me nos seus beijos de amor
Estar contigo onde você for.

Banquete de amor

Eu preparei para você
Um grande banquete
Repleto de sentimentos
De entrada, uma porção generosa de beijos
Acompanhada de todos os abraços e desejos
De sobremesa, doces palavras
Regadas a muita paixão
De bebida, o néctar
Dos seus doces lábios
Mesclado com um trago
De sua divina doçura
E para terminar, seja a hora que for
A profundidade do seu olhar
E a grandeza do seu amor

Soneto da dor

Os amores são assim
Eu já tinha me esquecido
Me entregar inteiramente
A esse amor bandido...

Eu devia com certeza
Ter fechado logo a porta
Ter colocado mais grades
Ter cuidado mais de mim

Mas você chegou tão doce
Falando coisas de amor
E eu me embriaguei com a dor

Agora nada mais resta
Desse sonho louco e vão
Somente cacos do meu coração.

Despejo

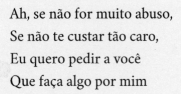

Ah, se não for muito abuso,
Se não te custar tão caro,
Eu quero pedir a você
Que faça algo por mim

Devolva todos os beijos,
Os abraços que te dei
As declarações de amor
Que um dia lhe falei.

Devolva todos os olhares,
O carinho, a atenção
E retire sua cama,
De lá, do meu coração.

Também preciso que entregue
O amor que lhe dediquei
O perfume nos teus braços
Que aquele dia deixei...

As marcas do meu batom
Gravadas na sua camisa
O beijo dado em seus olhos
Debaixo da leve brisa.

Por fim, não quero que fique nada,
Nem mesmo uma aliança.
Entregue nas minhas mãos
Meu último grão de esperança.

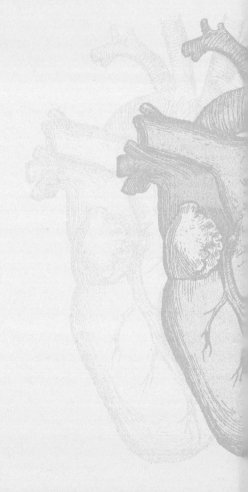

Ninho vazio

Se ainda restasse
Dentro desse velho peito
Uma gota de amor
Se ainda restasse
Ainda por um momento
Um pouco de encantamento
Se ainda restasse aqui
Um pouco de alegria
Para enfeitar meu dia
Se ainda restasse aqui
Um pouco de poesia
Eu traria você de volta
Para minha vida vazia
Mas não existe mais nada
As paredes se quebraram
Coração se destroçou
A esperança virou pássaro
E para longe voou
Só resta um ninho vazio
Seco e repleto de dor

Castigo

Por todos os erros
Devo te punir
Trancar-te em meu peito
E não te deixar sair

Beberás somente
As lágrimas dos olhos meus
Para provar da tristeza
Do seu grande adeus

Ficarás preso também
No mar da ingratidão
Até preencher os sulcos
Que furastes em meu coração

Não dormirás jamais
Seus olhos fitarão os meus
Sempre e a todo momento
Para que te lembres
Do meu sofrimento

Comerás do resto
De sua traição
E de sobremesa, fria
O sabor da vingança
Para que não esqueças das vezes

Que matou minha esperança
Fazendo chorar-me
Como uma criança.

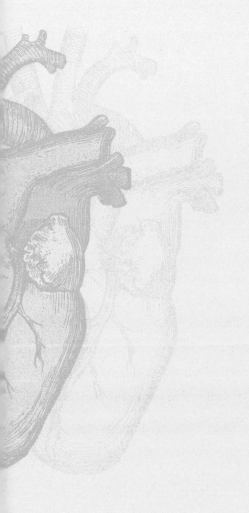

Sonhos

Não, eu não quero acordar
Quero dormir para sempre
Debaixo do seu olhar
Quero sonhar com seus beijos
Quero aquecê-lo em meu peito
Por um segundo que for

Quero guardá-lo em minha alma
Quero esquecer a amargura
Quero guardar de você
A mais profunda ternura

Quero em seus braços
Pra sempre me aconchegar
Quero em seus lábios macios
Todo momento beijar

E se achar que ainda é pouco
Esses momentos perfeitos
Quero trancá-lo em meu peito
Seja o tempo que for
Para que nenhum dia na vida
Eu fique sem o seu amor.

Transformação

A minha inspiração
Estava meio adormecida
Até você aparecer
De repente em minha vida

Tudo agora é fantástico
Cada momento é mágico
Muitas cores no meu dia
O perfume está no ar
Agora vivo a sonhar.

Sonho com suas mãos
Afagando meus cabelos
Sonho com suas carícias
Embalando o meu sono
E em seus braços me abandono.

Sonho com os seus lábios
Beijando os lábios meus
Sonho com sua voz verdadeira
Que jamais me dirá adeus

O despertar da poesia

Ela estava adormecida
Em algum canto escondida
Sem vontade de viver
Por que, poesia?
Por que tem fugido de mim?
Que mal eu fiz aos seus versos?
Talvez em algum momento
Eu os deixei desconexos
Mas acredite! É só um estilo
Não foi para maltratar
Jamais eu quereria
Seus versos inversos matar
Vamos! Acorde para o mundo
Agarre-se à emoção
Sem você, fica vazio o coração
O céu perde a beleza e a cor
A flor não exala seu perfume
A alma fica invisivelmente só
A vida torna-se um grande nó
Acorde, poesia! Saia para as ruas
Mostre-se completamente nua!

Dependência

Como os colibris buscam as flores
Eu busco a sua presença
Um minuto longe de você
Parece um milhão de eternidades...
Os ponteiros do relógio parecem dormir
Eu sozinha, sem você aqui
É uma tortura, um sofrimento
Sinto sua falta a cada momento
Sou dependente desse seu amor
Como o colibri depende da flor
Ah, se eu pudesse, escolher agora
Um superpoder para me acompanhar
Não tenho dúvidas, pediria asas
Para voar até onde você está
Eu voaria pelo azul do céu
Enfrentaria qualquer tempestade
Qualquer que fosse a situação
Só para estar perto do seu coração

Último beijo

Eu não sabia que aquele
Era seu beijo de adeus
Você foi-se embora para sempre
Levando os sonhos meus

E como eu não sabia
Que aquele era o nosso fim
Não pude guardar comigo
Nenhuma lembrança para mim

Nas veias do meu corpo
Nas paredes do coração
Ficaram tatuadas para sempre
As marcas da emoção

Nos meus braços ainda restam
Os abraços que me deu
Em meus lábios sinto ainda
O amargo gosto do adeus

Se eu soubesse aquele dia
Tudo que eu sei agora
Teria te trancado no peito
E você jamais iria embora

Teria posto no cofre
Cada palavra que você disse
Cada gesto, cada olhar
Teria te feito jurar
Que nunca ia me deixar

Por isso, vou colocar,
Meu coração de castigo
Vou puni-lo bravamente
Por deixar me apaixonar
Nessa vida novamente

Intempéries

Sim eu sei, não tenho chance.
Não adianta eu me iludir...
Tudo é passageiro, coisa de momento
Há qualquer hora tudo vai ruir
Vai deixar cacos no meu coração
Sou consciente dessa condição
Mas vou seguir, não tenho medo não
Sou árvore atingida pelas intempéries da vida
E muito vento tentou me tombar
Já fui ao chão envergada completamente
Mas me ergui e segui em frente
Não, eu não vou desistir
É preferível ser feliz agora
O amanhã ainda não foi embora
É um mistério, impossível prever como será
Então, enquanto vivo quero te abraçar, aproveitar
cada sorriso seu,
Beijar seus olhos, tocar seus cabelos, dizer eu te
amo o quanto eu quiser
E quando tudo chegar ao fim
Eu recomeçarei mesmo assim
Juntando os pedaços que sobraram de mim

Crimes de amor

Sim, eu confesso,
A porta estava entreaberta
E sorrateiramente entrei
Lá dentro, um tesouro encontrei.

Uma caixa de sentimentos
Coisas raras de se achar
Um caminhão de bondade
Mil quilos da mais pura gratidão
Toneladas de empatia
E de amor uma grande porção

Invasão de domicílio
Roubo a beijo armado
E sequestro do seu coração
Por esses crimes
Sofrerei punição

A morte da poesia

E se acabarem as rimas?
Se o verso virar reverso
E se no peito um imenso deserto se formar?
Como ficará a poesia?
Que triste fim ela terá?

E se as figuras de linguagem,
Se mudarem do planeta?
Se numa manhã de sol
Pegarem carona
Na cauda de um cometa?

Ainda assim, seguirei...
Lembrarei dos versos
Que um dia fiz para você...
Lembrarei das rimas
Imperfeitas como eu
Que embalaram a canção,
A última da safra,
Feita sob medida pro seu coração.

Prazo de validade

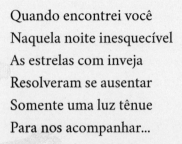

Quando encontrei você
Naquela noite inesquecível
As estrelas com inveja
Resolveram se ausentar
Somente uma luz tênue
Para nos acompanhar...

Bailamos de rosto colado
Corações entrelaçados
Cheiro de rosas no ar
Uma orquestra de grilos e sapos
Para nossa dança embalar...

No horizonte as nuvens
Formavam um grande véu
Sobre nossas cabeças
Que quase tocavam o céu...
Os passos perfeitos de dança
Nenhuma dor ou saudade
Será que felicidade
Tem prazo de validade?

Eu e você

Um beijo com sabor de mágica
Um abraço com sabor de eternidade
Uma distância que vira proximidade
Eu aqui, você aí, porém tão próximos
Dessa distância que é tão presente
Desse desejo que consome a gente
Dessa vontade de querer ficar
Presos um ao outro
Como o perfume se prende na flor
Como a seiva se prende na relva...
Como as ondas se prendem ao mar....
Assim queremos nos prender
Colar nossos rostos
Sentir o toque suave das mãos
Percorrer todo o corpo
Rumo ao coração
Ouvir a voz do silêncio que fala por nós...
Tatuarmos um no outro
A marca da felicidade
Efêmera ou duradoura?
Gigante e verdadeira
Momentos que valem
Por uma vida inteira.

Homem-menino

Surgiu uma fagulha de luz
No escuro da minha vida
Ele elogiou minha voz,
Enxergou o meu sorriso
Notou em mim beleza escondida

Beija-me em pensamento
É meu nascer e pôr do sol
A minha chuva, meu vento
A voz que me acalenta

É a doce brisa do mar
Transformada em poesia
Um homem-menino que
Enche minha vida de alegria.

Momentos

Definitivamente, não importa
O que os outros vão dizer,
O que os outros vão pensar
O que vai acontecer
Como tudo vai ficar...
Quero viver esse momento
Sentir seus abraços macios
Sentir seus lábios me beijar
Sentir sua voz doce sussurrar:
"Eu te amo e sempre vou te amar"
Se o para sempre for um dia
Eu já terei suficiente alegria
Para aquecer minha alma tão fria.
E essa eternidade, talvez efêmera,
Terá rendido mil felicidades
Terá me feito alcançar o céu
Terá matado a minha tristeza
Terá mostrado toda a beleza
Do seu amor que tem sabor de mel.

Devaneios

Se tudo isso for um sonho
Não quero mais acordar
Pois em cada canto que olho
Nele você está
Distribuindo sorriso
Despindo-me com seu olhar
Embriagando-me com seus beijos
Difícil acreditar...

Não, eu não quero acordar
Quero dormir para sempre
Nos seus braços firmes e fortes
Quero esquecer-me da vida e da morte
Quero estar nos dias seus
Quero estar na sua vida
E não importa a idade
Nosso amor é sem medida

E quando, por fim, lá longe
Algo me acordar
Se algum barulho do mundo
Destruir os sonhos meus
Ainda estarei viva,
guardando em minha alma
Os beijos que você me deu.

Saudade

Se alguém me pedisse
Para definir saudade
Eu lhe diria assim:
Saudade é uma dor
Que nunca tem fim...

É uma lágrima guardada
Dentro do peito e além
É uma canção que toca
O pensamento de alguém

É uma palavra exclusiva
Do dicionário português
É falta de ver um sorriso
Ou um lugar mais uma vez

É falta de ver tão perto
Quem para longe se foi
É um rio de lágrimas
Inundando o deserto

É algo inexplicável
Difícil de entender
Difícil de suportar
Penetra dentro do peito
Parece que vai nos matar

Nosso encontro

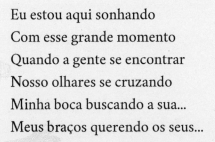

Eu estou aqui sonhando
Com esse grande momento
Quando a gente se encontrar
Nosso olhares se cruzando
Minha boca buscando a sua...
Meus braços querendo os seus...

Passos lentos ao encontro
Coração batendo a mil
Mil sentimentos aqui dentro
No corpo um calafrio

Uma incerteza aqui
Parece que me devora...
Gostará da minha face?
Gostará do meu sorriso?
Pensará em algum momento
"Você é o que preciso?"

Devo arriscar e caminhar
Ou devo voltar atrás?
Mas acho que já não posso
Amar-te é bom demais!!!

Vou em sua direção
Com o meu coração na mão...
Vou ofertá-lo a você
E você toma a decisão.

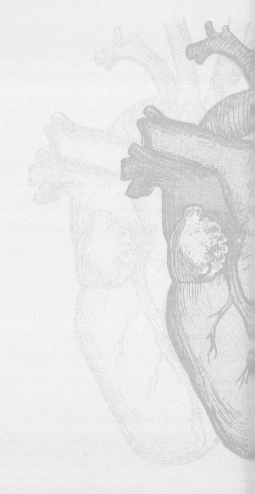

Minha poesia

Amo-te tanto e tanto
Que é impossível descrever
Você é minha alma, meu ser...
Alimento-me da sua essência
Você é meu dia e noite
Alegria e tristeza
Encontros e desencontros
Meus sonhos e ilusões
Minha vida presa a ti está
Eu enxergo a vida com seus olhos de amor
Eu abraço o mundo com seus braços
Você é minha luz, meu guia
O que eu faria sem ti
Minha maravilhosa poesia?

Será?

Vestida de areia e sal
Vou contemplando as águas
Desse imenso mar azul
Que nos separa

As ondas gritam "sinto sua falta"
E o som retorna para mim
Meus olhos são grandes ondas
Juntando as águas do mar
A uma saudade sem fim

Cruzarei os oceanos
Voarei para além-mar
Será que o sonho um dia
Irá se realizar?

Não sei, não posso responder
Só sei que olhando essas águas
Eu sempre vejo você

E no dilema infinito
Eu fico a meditar
Será que um dia essas águas
Que ora me fazem chorar
Me levarão para bem longe
Para poder te encontrar?

Obsessão

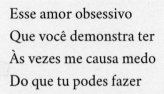

Esse amor obsessivo
Que você demonstra ter
Às vezes me causa medo
Do que tu podes fazer

Embora não se declare
Não dê o braço a torcer
Eu posso ver com clareza
Tudo que vem de você

Às vezes de madrugada
Você vem me chamar
E de um jeito muito tosco
Sem nenhuma explicação
Começa a me perguntar
"Como está seu coração?"

Outras vezes insiste em saber
"Qual roupa que você usa?"
Eu devo agradar você?

Mas a vida me ensinou
A me tornar precavida
Eu vou bloquear você
Antes que bloqueie minha vida.

Até quando posso te amar?

Até quando posso te amar?
Até que as pedras se esculpam
Pelas águas a pingar?
Ou até que a neblina se dissipe
Lá no alto da Serra do Mar?

Até quando posso te amar?
Até que a lua apareça
Brilhando no horizonte?
Ou até que as pedras se dissolvam nos montes?

Até quando posso te amar?
Até que o carvão se transforme em diamante?
Ou até que o sol se ponha lá distante?

Até quando posso te amar?
Por quanto tempo?
Por uma vida? Por um momento?
Por uma fração de segundo em meu pensamento

Reencontro

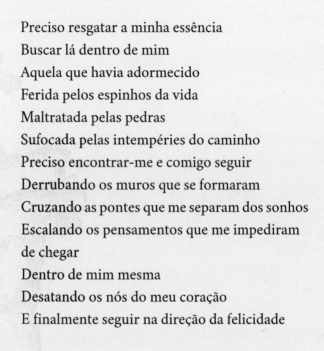

Preciso resgatar a minha essência
Buscar lá dentro de mim
Aquela que havia adormecido
Ferida pelos espinhos da vida
Maltratada pelas pedras
Sufocada pelas intempéries do caminho
Preciso encontrar-me e comigo seguir
Derrubando os muros que se formaram
Cruzando as pontes que me separam dos sonhos
Escalando os pensamentos que me impediram
de chegar
Dentro de mim mesma
Desatando os nós do meu coração
E finalmente seguir na direção da felicidade

Indecisão

Não tenho mais rimas
Meus versos quebraram-se
Partiram-se ao meio
Meu peito tão cheio
Agora é vazio
Os meus olhos brilhantes
São agora dois rios
Sua eminente partida
Causa-me muito mal
No meu coração promoveu
Um grande vendaval
Hoje posso te amar
Amanhã talvez não
O que vou fazer do meu coração?
Como escrever essa história
Tão linda, tão pura
Mas ao mesmo tempo tão passageira?
Amor primeiro ou derradeiro?
O último dos poemas?
A última das rimas?
O sorriso mais encantador
Transformado numa grande e profunda dor
Finalizando o nosso amor?

Eu não quero amar você

Tento te arrancar do meu pensamento
Mas quanto mais tento
Mais sinto sua presença
Fecho os olhos para tentar te esquecer
Mas quanto mais fecho os olhos
Mais posso te ver
Tento esquecer do seu sorriso
E me convenço, é dele que preciso
Tento fugir dos seus braços
Mas os seus abraços
Prendem-me como um laço
Tento fugir dos seus beijos
Mas a cada momento
Aumenta o meu desejo...
Eu não quero amar você
Porque esse amor é só ilusão
Mas o que eu posso fazer
Se você já mora no meu coração?

O livro da minha vida

Nas páginas do livro
Da minha vida
Há dias de glória
Há dias de amor
Há dias de sorriso
Há dias de dor
Há páginas perdidas
Que ficaram no caminho
Totalmente em branco
Sem nada para dizer
São as páginas dos dias
Em que eu perdi você

A cor da felicidade

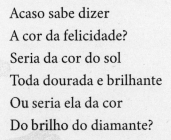

Acaso sabe dizer
A cor da felicidade?
Seria da cor do sol
Toda dourada e brilhante
Ou seria ela da cor
Do brilho do diamante?

Seria azul como o céu
Com seu imenso esplendor
Ou seria colorida
Como um pássaro multicor?

Seria tão transparente
Como as águas da chuva
Que fazem verdejar a terra?
Ou seria da cor
Do brilho de um olhar
Ao ver uma guerra acabar?

Teria a cor de um abraço
Ou de um aperto de mão
De um beijo dado nos lábios
De um afago, de um carinho
Ou teria a cor mais linda
Que brota do coração?

Seria azul, amarela, vermelha
Roxa, verde ou grená?
Ou seria como a vida
Da cor que você pintar?

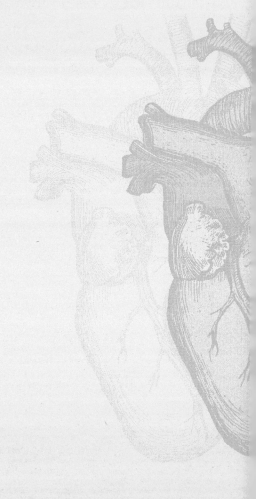

Destino

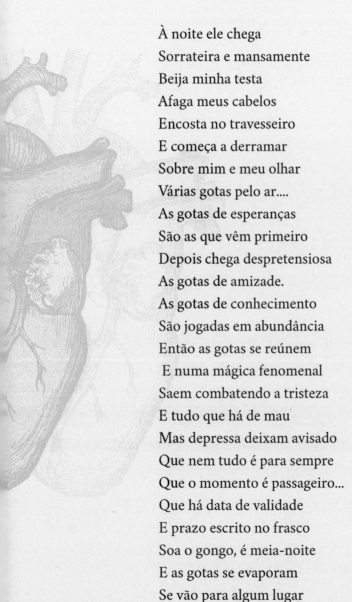

À noite ele chega
Sorrateira e mansamente
Beija minha testa
Afaga meus cabelos
Encosta no travesseiro
E começa a derramar
Sobre mim e meu olhar
Várias gotas pelo ar....
As gotas de esperanças
São as que vêm primeiro
Depois chega despretensiosa
As gotas de amizade.
As gotas de conhecimento
São jogadas em abundância
Então as gotas se reúnem
 E numa mágica fenomenal
Saem combatendo a tristeza
E tudo que há de mau
Mas depressa deixam avisado
Que nem tudo é para sempre
Que o momento é passageiro...
Que há data de validade
E prazo escrito no frasco
Soa o gongo, é meia-noite
E as gotas se evaporam
Se vão para algum lugar

Esperando outro momento
Para a mágica recomeçar.

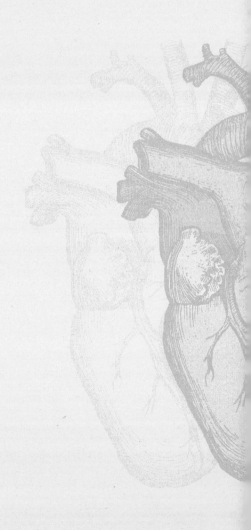

Nosso fim

Em minha mente
E no meu coração
Espalhei sementes
Desse nosso amor
Adubei com carinho
Cuidei com devoção...
E ele floresceu
E se multiplicou
Flores perfumadas
Cheias de beleza
Na sua voz
Tanta delicadeza
No seu sorriso
A sensação de paz...
Mas as flores são efêmeras
Logo hão de secar
E me preparo para o dia
Que o nosso amor
Também irá se acabar...

Distância

Estamos tão distantes
Como o sol e a lua
E guardo no meu peito
Lembranças minhas e suas

O teu olhar ainda me fita
Teu perfume me encanta
O grito de eu te amo
Preso na minha garganta

O sorriso está presente
Em cada retrato seu
O abraço emoldurado
No quadro que você me deu

Sua voz suave e macia
No áudio que você me enviou
Preso na minha memória
O dia em que tudo começou

Mas a distância não apaga
Nem um pouco essa paixão
Pois nosso amor criou raízes
Dentro do nosso coração.

Despedida

Tudo na vida
Um dia tem fim
Vivo e morro a cada dia
Sem saber como fazer
Meus dias só existem com você
E amanhã o que vou fazer
Quando você disser adeus
E sepultar todos os sonhos meus?
Levar contigo o amor verdadeiro
Que só para você cultivei
Os beijos, os abraços que ainda
Por força da distância não te dei
Os passeios que ao seu lado
Planejei um dia fazer
Os pratos diferentes que faria pra você
A minha emoção, a minha alegria...
Vivo e morro a cada dia
Vivo com as esperanças
De um dia poder te ter
Mas morro a cada segundo
Sabendo que vou te perder.

Coração valente

Todas as dores do mundo
No seu peito foram parar
Trouxeram muito sofrimento
Impedindo-o de amar

Seu coração tão enorme
Valente e acolhedor
Chora calado, sozinho
Ferido pelos espinhos.

Às vezes se sente invisível
Às vezes meio impotente
Deseja tanto sanar
Os problemas dessa gente

Mas o mundo é bem cruel
Não lhe dá muita opção
É impossível estender
A todos a sua mão

Eu quisera ter o poder
De em teu peito entrar
Retirar as decepções
As coisas que te angustiam
E devolver a sua vida
Um pouco mais de alegria.

Nosso anel

Das janelas do futuro
Posso ver os seus olhos
Buscando por mim
Procurando em cada canto
Um pouco do amor sem fim
Que juramos um ao outro.

Juramos amor eterno
Prometeu não me esquecer
Eu jurei te amar
Você jurou me querer

Eu era uma menina
Cabelos despenteados
Tinha orgulho de chamá-lo
Meu primeiro namorado

Mas o tempo esse malvado
Cuidou de tudo acabar,
Destruiu nossas promessas
Decretou o nosso fim
Guardo somente o anel
Que um dia deu para mim.

Você

Você é o meu mel
Meu pedacinho de céu
Minha música preferida
O amor que dá sentido
A toda minha vida

Você é o meu sol
O ar que eu respiro
A luz do luar
Você me ensinou o que é amar

Você é minha certeza
De que a vida vale a pena
Você é minha rima e meu verso
Você é meu poema

Você é a minha estrela guia
A minha grande inspiração
Você é minha alegria
Transformada em paixão